赤ちゃんが書かせてくれた

小児科医からママへの手紙

巷野悟郎 Goro Kohno

赤ちゃんとママ社

目次

赤ちゃんが書かせてくれた

小児科医からママへの手紙

Part 1
ごきげん赤ちゃん

Part 2
お母さんは、すてき

Part 3
明日のために

Part4

私のアルバム

Part 1

ごきげん赤ちゃん

朝の光

朝の光の中で
赤ちゃんは目を輝かして
自分を確かめているよう

古代原始人も
夜の暗闇から解放されたとき
太陽の光に
安堵と自信をもらって
今日が始まったにちがいない

朝の光は
今日のすべての始まり
明日も
そしてずっと続く人生の
時を刻む力

朝の光は
赤ちゃんの心とからだを
目覚めさせる起爆剤

地球のリズムにのって

明るくなったら
起きて遊ぼう
赤ちゃんは
おんもが大好き

外に出ると
不思議そうに
あちこちを見まわして
からだ全体で
確かめる

夜が訪れたら
さあねんね

赤ちゃんは
地球の自転のリズムにのって
育っていく

新世界

雨あがり
日が射して
水たまりがキラリ

風が吹く
つめたい風がホホをなでる
枯れ葉が舞う

夏からのゼラニウムが
緑の葉の中に
赤く

サンマ焼く
隣からの匂いが
お母さんと一緒

赤ちゃんの新世界は
毎日が
おもしろくて　おもしろくて

遊び

赤ちゃんは
目を覚ますと行動を開始します
あっちを見たりこっちを見たり
手を出してさわってみたり
手に持ったものを口に入れたり
声を出して
まわりの人の注意を引いたりもします

まだ世の中のことを知らないから
何が何だかわからないだろうに
まわりのものに
一生懸命挑戦します
そこには目的も理屈もないし
身の危険もあったものではありません

これが赤ちゃんの遊びで
自分中心の行動です
うらやましいですね
事故にだけは気をつけてくださいね

食べて遊んで

手づかみで食べるんです
じっとして食べないんです
遊んでいて食べないんです
落ち着きがないんです
好きなものしか食べないんです
ご飯しか食べないんです

スプーンで持っていくと口をつぐむ
子どもと戦争です

離乳食開始の頃は
何とか食べてくれたけれど

歩き始めると
食べることも遊び

手も自由　歩くのも自由
世の中　おもしろくてしょうがない
食べるばかりが能じゃない
とでも言いたそう

きき手

赤ちゃんのうちは
右手も左手も両手使い
都合のよいほうを
どちらでも自由自在

おとなになっても
こんな器用さがあればと思うけれど
だんだんとき手がでてくる

初めから
そういうふうに仕組まれているのだから
そうなるのが自然だけれど
大きくなってから
自分で努力すれば
便利な両手使いになれるかも

いまに両手が使えたら
ほんとにいいね

赤ちゃんのリズム

●折々に

はるか六十億年前、地球は生まれた。自転が始まり、地上に昼と夜が訪れ、やがて生物が誕生。そして今から五百万年前、人類の祖先へと進化し、今日に至っている。

連綿と続く「昼と夜」のくり返しの中で、いつしか私たち人間のからだには、環境の変化に適応するための体内時計がつくられたという。その主役は自律神経であり、活動的な昼にはからだを活発にする交感神経がより働き、静的な夜には副交感神経が反対の役割を果たしている。こうして人はごくあたり前に、夜が来れば眠り朝になれば起きるという生活をしてきた。

ところが今、人間は夜が来ても眠らない。

室内で過ごす時間が増えて、昼と夜の境目がはっきりしない。むしろ、夜のほうこそ、電灯が煌々《こうこう》と輝き、テレビの音や家族の食事や団欒のざわめきなどがあふれ、まるで昼の雰囲気である。

そして、幼い子どもの生活までが変わった。両親の夜更かしにつられて、午後十一時、十二時に寝るという赤ちゃんも珍しくない。お父さんの仕事の関係で昼夜逆転という場合もある。

こういった昼夜を取り違えた生活の波は、本来、赤ちゃんの生理的なからだのリズムとは同調しない。そのため、午前中はきげんが悪い、食欲がない、遊ばないといったことが起こる。それが午後から夜にかけての生活にも影響し、心とからだの発達にさまざまな問題を引き起こしているのだ。

今、大人社会は声を大にして、自然が失われてきたことを問題にしている。しかし地球の自転による「昼夜のリズム」と、発育段階にある赤ちゃんの生活がずれていることは、もっと深刻なことである。

人は母なる地球と共存しながら、一生を過ごしていく。乳幼児期に「昼と夜」をしっかりと感じとらせる育て方をして、からだの働きを地球のリズムに同調させておくことは、将来に向かっての発育の基礎である。私たち大人の責任は大きい。

わがままが力をつける

赤ちゃんはわがままです
自分勝手です
自分中心です

がまんしたり
ひとのことを思ったり
努力したり
待つことができません

何も知らないくせに
したい放題で
恥も
外聞もありません

そして
遠慮がないから
どんどん実力がついて
歩けるようになり
話せるようになります

健診

四カ月頃の赤ちゃんの
お母さんを見る目は
まるで恋人のそれのようです

健診で赤ちゃんのからだにふれている間
赤ちゃんはじーっとお母さんの目を見ています
それは救いを求めているというよりも
全く他を無視した
二人だけの世界を
楽しんでいるかのようです

まばたきもしないで
黒目も動きません
「あかず眺め」られているお母さんは
そのすべてをそのまま受けとめています

股関節の開き具合をみるとき
それでも赤ちゃんの目に
キラリと光るものが見えました

聞いている●折々に

生後十カ月頃になると、赤ちゃんは大人の言葉をじっと聞いている。もちろん具体的にわかるわけではないが、その場の雰囲気や、言葉の抑揚などを動物的に感じとっているのだろう。さらに一歳半を過ぎると、二つ三つの発語しかなくても、大人がしゃべることをかなり理解できるようになる。

その証拠に、子どもの前で愚痴を言ったり、心配事を話したりしていると、何となくおとなしくなったり、まつわりついてきたりする。一番好きなお母さんの気持ちを肌で感じて、不安になるのかもしれない。

診察のときも、子どもは、私たち医師とお母さんとの会話を、自分のこととして聞き耳をたてている。不穏な空気を察するとぐずりだすし、反対に穏やかにやりとりをしていると、診察がスムーズに運んだりする。

ときには、たった一度の診察が事態を一気に好転させてくれることさえある。

あるお母さんから、一歳八カ月の男の子が頭を机や床にトントンと打ちつける、いわゆる「ヘッドノッキング」の相談を受けたときのこと。問診に時間をかけて、子どもの立場にたってあれこれアドバイスしたら、なんと、その日から治ってしまったのである。一歳六カ月で母乳がやめられないという相談でも、同じことがあった。やはり、子どもはちゃんと聞いている。

子どもは言葉を理解するだけでなく、人の心情の奥深いところまで正直に感じとっているのではないだろうか。そうやって、言葉だけでなく、心も育っていくのだと思う。

診察のとき、子どもが大泣きして困った経験をもつお母さんは多いはず。しかし、子どもは決して医師やお母さんを困らせようとしているわけではない。ただ、そのときの自分の気持ちを率直に現わしているだけ。

むしろ私は、何の抵抗もなく聴診器を受け入れたり、口を開いてのどを見せる子どものほうが、気になってしまう。こういう早くから悟ってしまったような子どもには「大きな声で泣けよ」と声援を送りたくなるのである。

赤ちゃんの気持ち

暑いのにたくさん着せられて
眠いのに眠れない
お腹がすいてるのに　わかってくれない
のどがかわいてるのに　水をくれない
おしっこがしたいのに　知らん顔

おんもに行きたい
靴下がじゃま
髪の毛の飾りがうっとおしい
背中がかゆい
おむつが気持ち悪い

だから
泣いて　たのんでるのに
わかってくれないから
もっと　泣いて
泣いて　そっくり返って

わかってくれないときの気持ち
やるせない気持ち

赤ちゃんが泣かなかったら

赤ちゃんは泣くから
お乳を飲ませることができます
おしっこをしても　眠たくなっても
暑くても寒くても　ふとんが重くても
ときにはお母さんの顔が見えなくても
泣きます

赤ちゃんは泣くから
お母さんは助かります
もし赤ちゃんが泣かなかったら…
いつお乳を飲ませてよいのか
いつおむつをかえてよいのか
いつ抱っこしてよいのか
いつ寝かせてよいのか
戸惑ってしまうでしょう

赤ちゃんは何かにつけて泣きます
赤ちゃんがどうして泣いているのか
わからないことがあっても
手をかけているうちに
いつかお母さんと赤ちゃんの気持ちは
通いあうようになっていきます

ごきげん ● 折々に

赤ちゃんの診察では、「きげんはどうですか」とお母さんにたずねることが多い。きげんは、健康状態をそのまま表現するからである。

では、きげんの具体的な意味や内容はどんなものかとあらためて考えてみると、「ふだんと変わらない」「よく食べる」「笑う」「遊ぶ」…などなどいろいろある。気をつけたいのは、きげんはただ見ているだけではわからない、ということ。

赤ちゃんは、何にでも正直に反応する。それを応用して、こちらから何か刺激を投げかけて反応をみる。たとえば「抱っこ」と手を出したり、おもちゃを与えてみたり、ふだん赤ちゃんとやっている「お遊び」をしてみる。

そんなとき何となくふだんと違った様子を感じたときは、きげんがよくないと判断してよいだろう。

大人はいくらでも上きげんを装うことができるが、赤ちゃんにはそれはできない。逆に熱があっても、便の回数が多くても、きげんさえよければそんなに心配する病気ではないと言える。

また、われわれ医師がよく使うのが、「少し様子をみましょう」という言葉。心配だから連れてきたのに、とお母さんは不安な気持ちをつのらせるばかりかもしれない。

しかし初めの症状だけでは、病気の原因やこれから病状がどう進んでいくのか、予測しかねることが多いのである。

痛みや熱、せきなど、赤ちゃんがつらそうならそれを取り除く対症療法をすることはあるが、それは本格的な治療とは違う。

「様子をみる」とは、何もしないことではなく、経過をみながら、診断し、最も適切な治療をしていくことにほかならない。

赤ちゃんのきげん、症状、経過など、お母さんからの情報は貴重。赤ちゃんの治療は、お母さんと医師が手をたずさえて行なうものである。

ママを困らせながら

生まれたとき小さかった赤ちゃん
乳の飲み方が少なかった赤ちゃん
指しゃぶりに夢中だった赤ちゃん
うすい髪の毛で将来を心配させた赤ちゃん
便が多くておむつが大変だった赤ちゃん
おじいちゃんをこわがった赤ちゃん

ふとり過ぎが気になった赤ちゃん
離乳食を食べなかった赤ちゃん
湿疹で病院通いをさせられた赤ちゃん
おむつがなかなかとれなかった赤ちゃん
夜泣きで手をやいた赤ちゃん

赤ちゃんはみんなそうやって
ママを困らせながら
心配させながら
大きくなっていきます
しかし日が月となり
月が年となるほどに
そういうことは
みんなどこかに
消えていってしまいます

なおる

指しゃぶりをなおす方法
夜泣きをなおす方法
オネショをなおす方法

昔からたくさんあります
だけど
あれもこれも　やってみても
「ピタリ」となおす方法はありません

もし「ピタリ」となおる方法があるなら
みんながやってるはずだから
指しゃぶりも夜泣きもオネショも
問題にならないはず

なおす方法がたくさんあるということは
なおす方法が無いのと同じ
それは時期がくれば
いつの間にかなおっていく
ということなのです

発達の波●折々に

大人と子どもの違いをひとことで言えば、「子どもは発育しつつある」ということ。すべてが成熟へ成熟へと向かっていく。

その過程では大変な個人差があり、赤ちゃんの頃の反射的な行動がいつまでも残っている場合もある。そしてこの個人差や当然の未熟性こそが、子育てするお母さんたちの心配のタネとなるのである。けれども、その多くは、いつの間にか発達の波の中で消え去ってしまう。

たとえば、指しゃぶり、夜泣き、オネショなど。なかでも最もお母さんを悩ませるのが夜泣き。ようやく寝ついたと思ったら、夜中にわけもなく泣くのだから、お母さんは困りはて、どこか悪いのではないかということで相談にみえる。

しかし、たいていの夜泣きは睡眠が発達していく過程の一つの現象だから、こうすれば確実になおるという方法はない。

昔から民間薬やおまじないなどさまざまな方法があり、育児上の注意点も挙げられているが、それで、どの赤ちゃんもピタリとなおるというわけでもないのだ。

けれども、いつの間にか夜泣きは消えていく。指しゃぶりもそうだし、オネショもそう。まさに子どもが大人になっていく過程のエピソードと言ってよいだろう。

たくさんの治療法があるということは、それだけ決め手がないということであり、つまりは、それが発達過程での現象の一つであることを示している。その現象を育児の中でどう受けとめるかをお母さんたちにわかりやすく説明すること、それが私たち医師にできる治療なのである。

マネ

お母さんが
花が好きだったり
本を読むのが好きだったり
うたうのが好きだったり
お友達と仲良くすると
……

赤ちゃんも
花が好きになるし
本を見るのが好きになるし
うたが好きになるし
お友達と仲良く遊ぶ

子どもは
お母さんの言うことは聞かないけれど
いつの間にか
お母さんのマネをしながら
育っていく

母と子

四カ月頃になると
母と子は恋人同士
お母さんを見つめる赤ちゃんの目
赤ちゃんを見つめるお母さんの目
あてられっぱなし

一歳頃になると
赤ちゃんはその行動力で
お母さんの〝追っかけ〟
どこまでも行くよ　トイレの中までも

二歳頃になると
いっぱしの子ども
お母さんなしではいられないくせに
お母さんにとっかかったり
やりたい放題
ここでエネルギーをためて

三歳頃になると　ロケット噴射
親ばなれ良好
高度よし　方向よし

記憶の中の猿山

●折々に

人間の一番古い記憶は、おそらく三歳頃からではないだろうか。

私自身の記憶をたどると、はるか昔、どこかの動物園の猿山で猿が岩と岩の間の綱を渡っている姿が、今でもありありと思い出される。別に怖いとか楽しいとかいうのではなく、情景そのものが目の前に浮かんでくるのである。

そこで、私が子どもの頃動物園に行ったことがあるかどうか、母にたずねてみた。私の生まれは栃木県の足利市で、東京にでも行かなければ動物園はなかったのだから、私が動物園に行ったということは、かなり大きな出来事なはずだ。

私は十一人きょうだいの末っ子で、私の幼児期には既に一番上の姉は京都に嫁いでいた。姉の子どもがまだ幼い頃、母が私を京都に連れて行ったことがあるという。しかも近くに東山動物園があったから、行ったかもしれないということで、どうやらそのときの記憶だとわかった。その頃の姉の子どもの年齢などから計算すると、私は三歳少し前。

数年前京都で学会があったとき、偶然にも宿泊したホテルが東山動物園に近かったので訪れてみた。

平日でほとんど入園者もなくひっそりとした園内。ぽかぽか陽気の中、私はまず案内板の前に立つ。そして、はやる気持ちをおさえながら猿山へとゆっくり歩を進めた。

はたして、そこにはたしかに猿山があった。けれども、それは私が頭の中に描いていたものより、はるかに小さかったのだ。それでいて、何となく頭の中にある風景と共通するものがあるような気がした。

「子どもは大人に比べて時間が長く、空間を広く感じる」というジャネーの法則がある。年齢に反比例するというのだから、猿山を実際よりも大きいものに感じたのかもしれない。

とはいえあまりにも小規模なので、動物園の事務所に行って、猿山の話を聞いてみたが、昭和の初め頃の様子を知っている人は誰もいなかった。「古い写真があるかもしれない、調べましょうか」と言ってくれたが、これ以上現実を探究することは子どもの頃の夢をこわしてしまうような気持ちになったので、お礼を言って帰ったのだった。

それにしても、三歳にも満たない子どもの頭の中に、何かが記憶として残るというのは、なんとも素晴らしいことだが、反対に怖いような気持ちにもなる。もしもそれがとんでもない記憶であったとすれば、それこそ一生拭《ぬぐ》いきれない何かを背負っていくことになるのではないだろうか。

中国残留孤児の方々のインタビューをテレビで見たことがある。彼らは、両親とはぐれたときの絶望的な気持ちや、父親が大きな男に連れ去られたときの恐怖をいまだに思い出すという。その言葉を聞くにつけ、まっさらな幼児期の脳は何でも強く焼きついてしまうのだとあらためて実感する。

夜がしらじらと明け始めるようなその頃は、清々しい大気の中で大きく深呼吸をして、人生を出発できるように応援したいものである。

Lotong Kelabau
Silvered Leaf Monkey
BABUN Mandril
Mandrill Baboon
Zoo Negara

育っている

お腹の赤ちゃんは
子宮という宇宙の中で
すくすく育っていきます
妊婦さん自身も
お腹の赤ちゃんは
「自然に育っている」
という感じ

お腹の赤ちゃんを
「育てている」のではなく
「育っている」赤ちゃんのために
妊婦さんは自分を大切にします

自分を大切にするから
赤ちゃんはすくすく育ちます

「育てよう」とすると
無理な胎教につながります

赤ちゃんも同じ
育っていきます

いつもごきげん

子育ては
こうしなければという
ことはありません
いつも
赤ちゃんのきげんがよくなるように
手を貸してあげましょう

お腹がすいているようなら
飲ませてあげましょう
おむつが濡れているようなら
取り換えてあげましょう
暑いようなら
脱がせてあげましょう
退屈しているようなら
相手になってあげましょう

お母さんも負けないで
抱っこしたかったら
抱っこしましょう

Part2

お母さんは、すてき

お母さんは主役

小説や映画は
すれ違いで構成されている
今ここでしゃべってしまえば
それで終わりだけれど
それを言わないから
物語が展開していく

いつも心のうちがわかってしまえば
それでお互いの理解もあるから
世の中　平和といえば平和
しかしそれで話は終わり

赤ちゃんが泣いたとき
そのわけがわかればすぐ解決するけれど
赤ちゃんは言ってくれないから
お母さんはいろいろやっている
いろいろやっているから
そこにストーリーが生まれる
お母さんはいつも
ドラマを進行させていく
主役だ

みちしるべ

隣の奥さんと
楽しそうにお話したり
新聞を読んで笑ったり
テレビと一緒にうたったり
部屋を片づけて
お花を飾ったり
乗り物の中では
ふだんのお母さんの大きな声が
静かに話しかけたり

いつもそんな雰囲気を
赤ちゃんは
からだにしみこませながら
育っていきます

お母さんはいつも楽しく
前向きにやっていきましょう
お母さんの毎日の生活そのものが
赤ちゃんの道標《みちしるべ》です

いつか　きっと

ファミコンは
ボタンを押せば
答えが出る
そしていくらでも
やりなおしがきく

だけど育児は
正解のボタンは
どこかにあるはずだけど
それがわからないから
いろいろやってみる

いろいろやっているうちに
うまく解決することがあるし
解決しないで困っていても
やがて時が解決してくれたりする

ただ前進あるのみが
お母さんを強くしていく

オッパイ

牛の乳は「牛乳」
牛乳でつくったのが「粉ミルク」
お母さんに抱かれて
ぬくもりを感じながら
飲むのは
「母乳」

お母さんの乳をしぼって
哺乳びんで飲むときは
母の字が消えて「人乳」

「食品成分表」に
牛乳・人乳の成分は
あるけれど
母乳は見当たらない

お母さんのオッパイは
数字にならないのかな？

笑顔が力

赤ちゃんをベルトで抱っこして
片手に大きなバッグ
背中には大きなリュック
きっと　おばあちゃんの家からの
たくさんのおみやげ

ついこの間までは
荷物を持たなかったお嬢さん
赤ちゃんができると
生活にどっかりと腰をすえて
現実主義

親になると
赤ちゃんの笑顔が大きな力となって
貫禄十分

育児に労働基準法は適用されない
けれど
母は強くなっていく

節目《ふしめ》に

子育ては　来る日も来る日も
赤ちゃんとのおつき合いです
おっぱいを飲ませ　おむつを取り換え
夜中に抱っこし　あやして寝かせたり

だけど
同じようなことをしているようだけど
赤ちゃんは　一日いち日
大きく育っていっています
気がついたら
もう歩くようになった　なんて

その間にやってくる
お正月や節分　節句　七夕　十五夜も
赤ちゃんのいる生活だから楽しい

赤ちゃんは何だかわからないけれど
きっと　パパやママたちにも
育児の節目

秋

夏から冬へ
南風から北風へ
日本の季節風《モンスーン》は
一八〇度急転回

秋は
空が澄み渡り
平和に見えるけれど
実は
台風が訪れたり
長雨があったり
波瀾万丈の季節

こういうとき
子どもに眠っている病気が
姿を現したり
発作を起こしたり

秋は
健康を考えるとき

赤ちゃんの四季 ●折々に

日本の子育ては、めぐる季節と密接な関わりをもっている。世界中どこの国にも、季節の変化があるが、日本ほど鮮やかに気温と湿度と風が組み合わさって演出されているところは少ないであろう。夏は太平洋から暑く湿った空気が吹き寄せ、冬にはシベリア大陸からの冷たい空気がやってくる。夏と冬との両極端な季節の間には春と秋があり、六、七月には雨季がある。

日本の生活は「四季」と切り離して考えることはできない。子育てもまたそうである。そこには、日本ならではのさまざまな特徴がみられる。

たとえば、「あお向け寝」は、日本の家屋構造と深い関係がある。室内が赤ちゃんにとって必ずしも適温に保てない日本では、赤ちゃんのふとんは厚くて柔らかいことが多く、うつぶせに寝かせれば赤ちゃんの鼻や口を圧迫する危険がある。

「添い寝」も、個室文化が発達せず暖房が不十分といった、わが国特有の理由があった。また、「湯ざまし」は、井戸水が多かった時代に、赤ちゃんを病気から守るために煮沸して飲ませていた習慣が今も残っているのである。

日本のお母さんたちは、こういった季節の移り変わりに応じた子育ての知恵を何世代にもわたって引き継いできた。赤ちゃんは、お母さんに守られながら日々の自然を感じとり、情緒豊かに成長するのである。

また、昔は子育てにかなりのリスクがあったことから、子どもの成長を祝うさまざまな「通過儀礼」が準備されてきた。それは、自然の中で肩を寄せ合い、こぢんまりと生活してきた日本人の、「よくぞここまで育ってくれた」と神や自然に感謝し、喜び合う気持ちにほかならない。

「お宮参り」「おくいぞめ」「ひな祭り」「端午の節句」「七五三」…。大人の生活の中には、いつも子どもの存在があり、子どもを中心とする祝い事があった。

少子・大人社会を背景に、大きく変わりつつある子育てを、長い歴史の中で見守っていきたいと思う。

乾布まさつ

●折々に

赤ちゃんはお母さんの子宮という恵まれた環境の中で大きくなる。ところが、生まれたとたんにすべてが激変。自ら呼吸し、食事をとり、環境に抵抗しなければならない。そんな赤ちゃんの積極的な健康づくりに一役かっていたのが、「外気浴」「乾布まさつ」「日光浴」などである。しかし、近頃これらの言葉をあまり聞かなくなってきた。

「日光浴」が勧められなくなったのには理由がある。日光中の紫外線は体内のビタミンDを活性化して骨成熟に有効なのだが、子どもの栄養状態が向上し、また、紫外線による皮膚がんのほうが問題となってきたからである。しかし「外気浴」とそれに伴う「乾布まさつ」について、その名前すら初めて聞くというお母さんが多くなってきたのはどういうわけだろうか。

私は、わけても「乾布まさつ」だけはこれからも育児に取り入れていきたいと思っている。「乾布まさつ」は環境の変化に強いからだをつくるために大いに役立つ。人間の皮膚と神経は発生学的に同じものなので、皮膚への刺激はからだの血液循環をよくし、自律神経の働きで全身を活性化させる。

同時に、「乾布まさつ」はお母さんがわが子の肌にふれる絶好のスキンシップの機会でもある。だから、私は、乾いた布の代わりに、お母さんの手のひらを登場させたい。手のひらから伝わるぬくもりは、赤ちゃんにとってきっと心地よいはず。優しくリズミカルにこすってあげることで、二人の気持ちも一つになる。

乳幼児の突然死が問題となり、その予防として、薄着やあお向け寝、母と子のふれ合いなどが勧められているが、折りにふれて手のひらの「乾布まさつ」も加えたい。お母さんの手は魔法の手なのだ。

最近、まだ歩けない赤ちゃんを着飾らせ、靴をはかせたりしているお母さんを見かける。入浴以外は、あまり赤ちゃんを裸にしないお母さんも多い。赤ちゃんの肌にも外気を十分感じさせてあげてほしい。大事、大事で育てている今の育児に、この辺で「活」を入れたいものである。

抱きぐせ

抱きぐせなんです…
抱きぐせ？
泣くんです…
泣いたら？
抱いてあげるんです…
抱くと？
おとなしいんです…
だから抱いてあげる？
泣くので…

抱かなければいけないんですか？
ときには泣かせておいても…

そうしたら泣きやまないんです…
そうしたら抱いてあげたら？
でもあまりにたびたびなので…
たいへん？
そうでもないけど…
それなら抱いてあげたら？
……

育児相談で

「母乳をやめたいんです」
「どうして」
「もう十カ月だから」
「でも出るんでしょ」
「よく出ます」
「ではそのまま続けていたら」
「飲ませていていいんでしょうか」

「いいですよ」

「でもやめられなくなりませんか」
「やめようと思えばいつでも」
「やめられますか」
「やめられますよ」
「でも欲しがったら」
「ほんの数日の我慢ですよ」
「……」

「先のことを考えないで
お母さんも満足なんでしょ」
「それもそうですね」

育児書

指しゃぶりをしたり
乳を飲まない
母乳がやめられない
そして夜泣きで困ったことも
歯をみがかせなかったことも
パンツにうんこをした
言葉が遅かった
言うことを聞かなかった
夜中に熱をだして心配したことも
……
みんな日記に書いておこう

写真をとって
ビデオに残して

いつかその赤ちゃんが
お母さんになったときの
新米ママの
「わたしの育児書」となるように

へんし～ん

初めての子育ては
先行きどうなるか
あれもこれも心配ばかり
だけど赤ちゃんは待ったなし

だから
お母さんはその場で
いつも真剣勝負
何かをして
切り抜けていく

だから
お母さんは
日増しに度胸がついて
少しのことには動じない
すてきな
ザ・オカアサンに

へんし〜ん

ラジオ相談●折々に

ＮＨＫラジオ「電話による育児相談」を担当して十年余になる。毎回百五十本くらいの電話が、全国からかかってくる。その中で放送できるのは六人くらいだから、つながらなかったお母さん方には申し訳ないのだが、他の人の相談を聞いてくださることによって、何か参考にしていただければと思っている。

相談の内容はごく日常的なことが多いから、育児経験のあるお母さんや保育士さんにしてみれば、どうしてそんなことがわからないのか、と思うことがあるだろう。しかし初めての育児の頃を思い出していただければ、質問してくる気持ちも理解できると思う。

「飲まないんです」「泣いてばかりいます」という電話をかけてくるお母さんの後ろで、赤ちゃんの火がついたような泣き声が聞こえることがある。そういった場合、飲みたくないわけがあるのだから、それがわかれば簡単だが、原因は複雑である。赤ちゃんは、「今は飲みたくない」かもしれないし、「たくさん着せられて、お腹がすいているけれど、暑くてそれどころではない」という状態かもしれない。ときには「乳首の穴が大きすぎるから飲みにくい」「抱き方が下手だから飲みにくい」ということもあるだろう。そんなとき「いろいろなことをやってみる」うちに、飲み始めることがある。そうやってその場のことを解決していくことが、毎日の子育てではないかと思っている。

電話で相談してくるお母さんにいろいろアドバイスするけれど、その多くは、とっくにお母さんがやっていることばかり。そこにお答えする側の苦労がある。結局、最後は「もう少しそのまま様子をご覧になったらどうでしょうか、飲まないなら無理に与えないで…」というようなことになる。

育児相談の内容はさまざまで、私の助言ですべてが解決するとは思わない。こちらの言葉を参考にしながら、お母さんなりに何かをしているうちに、何とかなってしまうことが多いものだ。

そこで「その後どうなったか」を知ることは、お母さん方の参考になるし、私自身の勉強にもなるので、ときどき「育児相談のその後」を放送することがある。

たとえば「お乳を飲まない」という数カ月前の相談に対して、その後をたずねてみると、まさに「育児の基本」と思えるような言葉が返ってくることがある。

「あれからいろいろなことをやってみたけれど飲まなかったんです。私もあきらめて、先生の言われたように、しばらく放っておきましたが、こういうことが続くと『栄養がとれないのでは』『体重が増えないのでは』『脳の発達はどうだろうか』など、いろいろなことを考えてしまいました。しかし心を鬼にして、様子をみているうちに、急に飲むようになったんです。ほんとうに飲みたくて飲んでいるという勢いです。今までは飲ませよう、飲ませようとしていたのがいけなかったんですね」

何カ月かの間に、急に成長したお母さんの明るい声が返ってきて、こちらもほっとした。育児は「待ったなし」だから、「ときには開き直って、決断しなければならない」ことがあるということを教えてくれる。

ママの心を見抜く赤ちゃん

早く寝かせて
ゆっくりテレビでも見ようと思いながら
授乳していると
なんとごきげん
目をパッチリ開いて
なぜか飲むのをやめて
お母さんを見てニッコリ

今夜は久しぶりで
赤ちゃんをおばあちゃんに預けて
昔の友達と会えると
うきうき身支度でもしていると

赤ちゃんが何となく熱っぽい
またもやお母さんの計画は中止

赤ちゃんは
お母さんの心を見抜くんですね
うかうかできませんね
そうやって
お母さんも
角が取れていくんでしょうね

時の氏神《うじがみ》

いつまで飲ませるんですか
いつやめたらいいんですか
そろそろやめたいんですが
どうやってやめるんですか

どしてもやめられないんです
まだ飲ませていていいですか
母乳についての質問です

赤ちゃんはいつまでも飲みたいし
お母さんはやめなければならない
と思うけれど飲ませていたい
複雑な気持ち
まるで恋人同士の悩み

こういうときは
こうして　こうやってより
時の氏神さまが
うまく解決してくれるでしょう

山場《やまば》 ● 折々に

初めての育児では、これから先どうなるかわからない壁に、いつも突き当たる。しかし子育てはいっときも待つことができないから、そのたびにお母さんはなんとかしてそれを乗り越えている。

なかでも次の三つは大きな「山場」。私たち医師を含め、お母さんを囲む人みんなで温かく応援してあげたい。

一つ目の山場は「断乳」。どうしたら母乳をやめられるかである。やめたければ飲ませなければよいけれど、わが子に飲ませたいという母性感情を簡単に断ち切ることはできないから辛い。それでも何とかやめることができた後は、山場を乗り切った安堵感でか、お母さんは不思議なほどすてきに輝いて見える。母乳を卒業だから「卒乳」はどうかという人もいる。この提案に賛成。

次が「排泄の自立」。排泄の「しつけ」や「トイレトレーニング」という言葉が目前に重くのしかかってくるから焦ってしまう。おしっこやうんちを本当に教えるようになってくれるのかという不安。しかしいつかは必ずとれるのだから、まわりがあまり心配し過ぎることはない。ある育児雑誌が、「しつけ」ではなく「おむつはずれ」と言ったのは、子どもの名誉挽回であり、お母さんへの福音である。

三つ目の山場が「反抗期」。二～三歳の子どもが何でも大人の言うことを聞くほうがおかしい。子どもは大好きな親に反抗しているのではない。自分を正直に現わして行動しているだけで、これが発達をうながす力となる。子どもの「自立期」、お母さんへは「しばらくの辛抱」と言ってあげたい。

お母さんの成長

まだ学生のような若いママ
一カ月の赤ちゃんをそっと抱いて
こわれものにさわるよう
「母乳を飲んでくれないんです」
（たのむから飲んでちょうだい）

やがて一歳
「離乳食を食べないんです」
（何とか食べさせようと大奮闘）
赤ちゃんはスヤスヤ
別にどうということもない
体重もふえている

そして二歳
「言うことを聞かないんです」
（人間同士の対峙）

二番めの赤ちゃん……四カ月健診で
うつぶせで頭をあげない
「腹ばいにしていますか？」
「忙しいものですから…
…でもほかに問題ないんです」

パパ

お腹の赤ちゃんを
ママが守っています
そのママを
パパが守っています

赤ちゃんが生まれると
ママは
オッパイを飲ませます
そのママを
パパは応援します

赤ちゃんが泣いたとき
ママが困ったとき
パパは
大丈夫だよと言います

赤ちゃんが笑ったとき
ママが微笑《ほほえ》んだとき
パパは満足です

親になる

折々に

何度か、赤ちゃん連れのハワイ旅行に同伴する機会があった。数日間行動を共にするので、いろいろな育児をじかに見聞きできてよい勉強になった。

そういうとき、到着してから発熱する子どもが結構いるが、大抵は疲れや睡眠不足などによるようで、ひと眠りすると元気になってしまうことが多い。

あるとき、生後十カ月の子どもが三十九度の熱を出した。若い夫婦はオロオロしている。診察したけれど特別の所見もなく、熱のわりに元気もよいので、そのまま経過をみることにした。三日目になっても熱は下がらない。両親は部屋に閉じこもったきり。そして、いよいよ帰国という前の日に熱が下がった。

「せっかく高いお金を出してハワイまで来たのに残念でしたね」と言ったら、若いお父さんは涙ぐんで、こう答えた。「いいえ、とてもよい旅行でした。ふだん自分は子どもと接する時間が少なかったので、母親がこんなに大変だとは思いませんでした。熱を出しても仕事にかこつけて母親にまかせっきりだったんです。今度こちらに来て、いやというほど心配させられたので、何だか本当の父親になった気がします」。これには感動した。

子育ては親と子どものごく普通の生活の中にある。子育てに無関心だったお父さんにとって、子どもの発熱は、それこそ意識革命のときであったにちがいない。発熱が父親としての責任を深めさせたのだろう。

日頃、診察室でのお母さんたちの訴えには、医者から見れば、どうしてこんなことで心配するのかというようなこともあり、簡単に解決してしまうことも多い。けれども、その心配は決して無駄ではない。親は子どもの病気を心配しながら、一段と逞しい母親や父親に成長していく。

小児科医は病気を治すばかりではなく、ご両親の成長にも一役かっているのだと思うと、こんな〝医者冥利〟なことはない。心配して訪れる若いパパママを応援し勇気づけてあげたいと思う。

夏

もう「夏」

夏は
人の心を開放し
家族の姿が見えるとき

みんなで
どこかへ行きたい

みんなで一緒に
旅したどこかで
過ごした日々

あとで
浮きあがってくる
パパの笑顔
今年の「夏」
何かよい思い出を

Part3

明日のために

エレベーター

エレベーターのドアが閉まると
運命共同体
一瞬　みんな沈黙
お互いの顔も静止して
赤ちゃんも　大きな目をして無表情

お母さんの肩越しに
こちらを向いているから
ニコッと返すと
少したって表情がゆるみ
途端に手足をバタバタ

何ごとかならんと
お母さんは抱きなおす
赤ちゃんはこちらを見たいから
ぐずり出す

おとなたちの緊張もほぐれた
そしてドアが開いた

子どものときがあったのに

夜中に泣けば夜泣き
指を口にすれば指しゃぶり
抱いてほしくて泣けば抱きぐせ
知らない人を見て泣けば人見知り
やがてとれるおむつなのに

排泄をしつけ
ちょっと遅れれば寝小便
おとなの言うことを聞かないと反抗期
たまには家にいたい日もあるのに登園拒否
母乳の飲みが少ないからといって
舌小帯まで切ってしまうことがある

それが子どもなのに
そしてみんな子どものときがあったのに
子どもの頃を忘れて
おとなの目で子どもを見るから
あたり前のことが気になって
それを何とかしようと
……する

電車の中で

お母さんが子どもに寄り添って
絵本を読んでいる
こちら側の私には
その声は聞こえない

ときどき子どもは
お母さんのほうを向いて
何か言っている
お母さんはうなずいて
また絵本を読む

子どもは三歳ぐらい

お母さんのささやき声に
子どもは魔法をかけられたように
聞き入っている

やんちゃな子どもを
見事に静めている
お母さんの力はすごい

ストレス

育児で「ストレスを感じる」
と答えたお母さんが
八七%とあった

何もわからない赤ちゃんの
一日中相手をするのだから
仕事も手につかないで
ときには
ムシャクシャもあたり前

だけど　そこはそれ
　赤ちゃんは自分の子ども

笑顔ひとつで
疲れもどこかへ…

同じアンケートで
「子育ては楽しい」が九六%
ストレスが
お母さんを育てているよう

個性の時代

ずっと昔は
「あぶない」「いけない」の時代でした
すべてが守りの育児で
育てにくい育児環境では　それによって
救われたこともずいぶんあったことでしょう

このごろは
「こうしましょう」「ああしましょう」
ということで
定期の健診や予防接種などで
子どもの健康を守っています
その結果

日本の乳児死亡率は世界最低です

しかしこれからは
ひとりひとりが　自分の責任で
赤ちゃんの健康を守り
育児を楽しくやっていく
個性の時代となることでしょう

その一言 ●折々に

「いくつですか」
「一歳三カ月です」
「歩きますか」
「まだ一、二歩です」
「ちょっと遅いですね」

なにげなく言ったこの「ちょっと遅い」という言葉が、お母さんの自信をなくしてしまうことがある。今まで特に不安も感じずに育てていたのに、医師のその一言で、である。その後、歩き始めたにしても、そのときの言葉は、いつまでも尾を引いて、お母さんの気持ちを暗くしてしまう。

「体重が少ない」「もっと飲ませなさい」という言葉も、お母さんにとっては辛い。自分なりにたっぷり飲ませているつもりなのに、それ以上飲ませなさいと言われても、自信をなくすだけだろう。

また、医師がお母さんに何かアドバイスするときには、できるだけ具体的な説明を心がけたいものである。「もっと食べさせなさい」「指しゃぶりはやめたほうがいい」「断乳しなさい」「歯みがきをしないとだめ」などと言っても、その方法を説明してあげなければ、お母さんはただいたずらに戸惑うだけだろう。

医師の言葉を実行に移すのはお母さん。お母さんがきちんと納得できて、自信をもって子育てにあたれるよう、丁寧にわかりやすく指導してあげることが大切だと思う。子育てに一生懸命なお母さんは、医師のわずかな一言も聞き逃すまいとしている。不用意な言葉は自戒し、お母さんを応援する言葉をかけてあげたい。

自律授乳

生まれてまもない赤ちゃんは
お腹がすいたら泣いてくれる
だから　泣いたら飲ませてあげよう
どこか痛くても暑くても泣くけれど
そんな様子がみえないときの泣きは空腹
欲しいときに飲めるのが今の自律授乳法

泣くのは生理的に空腹の状態なのだから
そのときに飲めるのは満足のきわみ
だから　お母さんが好きになる

近頃　時間を決めて飲ませるようにと
指導されているお母さんがいる
夜中も目覚まし時計で
空腹に関係なく　飲ませるのだから
お母さんは眠いし　赤ちゃんは迷惑
時間制授乳は
遠い昔に消えてしまったはずなのに…

数値ではなく

「体重が少ないんです」
「ふとり過ぎではないでしょうか」
「ミルクの飲み方が少ないんです」
「ミルクの缶に書かれている量では足りないんです」

「三日に一回しか便が出ません」
「一日に五回も便が出ます」

体重・身長・歯の数・哺乳量・便の回数
言葉の数・ひとり歩きの月齢・睡眠時間
体温・おむつのとれる時期…

育児の中に数字が入ると
何かと比較できるから
軌道修正には便利だけれど
数字に振りまわされて
赤ちゃんの個人差がみえなくなってしまう

母子健康手帳

●折々に

あるお母さんから「母子健康手帳に、〝体重増加不良〟と書かれたので心配です。どうしたらよいでしょうか」という訴えがあった。

生後十カ月の健診票には確かにそう書かれてあった。そして〝栄養指導〟とある。見れば少しやせ型だけれど、元気にはいまわっていて、ときにはお母さんにつかまって立ち上がったりする。食欲もあり、離乳食も順調に進んでいるという。

身長は六九センチで体重は七二五〇グラム。これだけみれば身長は普通、体重はパーセンタイルの枠の中の下のほう。やせ型とわかるけれど、それだけで直ちに「体重増加不良」とは決めつけられない。

そこで、今までのデータを図に書き入れて線で結んでみた。身長はパーセンタイルのほぼ中央部を上昇。体重は生まれたときは平均だったのが、一カ月後からは下にさがり、それ以降、ずっと今のパーセンタイルの位置で平均値に平行して上昇し続けている。

これから判断すると、体重増加不良どころか、やせ型だけれど増加は順調で、大きな赤ちゃんより増加率は大なのである。そして、このようなタイプの赤ちゃんは、身軽だから運動機能の発達が早いという利点がある。

ある時点の数値だけにとらわれると、このような誤りをおかしやすい。身長・体重の数値は図に入れて線で結び、その赤ちゃんなりの経過をみることが必要である。

書き込んだ言葉は一生残る。母子健康手帳は母子の宝、よい思い出を残してあげたい。

ゼロのうちに

生まれたときはゼロ
ゼロから一年たつと一歳
次に一年たつと二歳
そして三歳――四歳――

初めの一年は
ゼロから立ちあがるとき
力がいる
それからあとは勢いつくから
育児は楽しくなる

初めの一年は
人間出発のとき
何もないゼロのうちに
母と子がしっかり結び合おう
赤ちゃんを抱っこしたり
頬ずりしたり

お母さんは赤ちゃんが大好き
赤ちゃんはお母さんが大好きに

早期教育？

からだが大きくなるのは
細胞が分裂しながら数をふやしていくから
一つが二つ　二つが四つ…
おとなになるまで
二十年もかかる

ひとり歩きが始まるのも
発達の順序をふんだ結果で
これも一年以上かかる

からだの成長も運動機能も
時間をかけながら発育していることを
誰でも理解しているのに

知能のほうは少しでも早くということで
上のほうから無理にひっぱって
早期教育が始まる
知能の発達にも
年齢相応の時間が欲しいのに…

育児

「育児」「いくじ」を
和英辞典でみると
child care とありました

「care」を
英和辞典でみると
心配(事) 気苦労 世話 看護
注意 用心…とありました

それで広辞苑をみると
「心配」——心遣い・配慮
「世話」——人のために尽力する

「注意」——気を付けること
とありました

英語圏での「育児」には
日本流の
どうやって　どういうふうに「育てる」
という意味が　見当たらないんですね
さて　あなたはどちら?

労働基準法

赤ちゃんがおとなになり
おとなが親になり
そして赤ちゃんが…育つ

子育てはおとなの生活の中で
ひとときの休みもなく…

お母さんが疲れているときも
お腹がすいているときも
カゼぎみのときも
心がイライラしているときも
夜中に眠れないときも

身内に不幸があっても
お友達がスキーに行っているときも

そんなとき勤めなら
休むことができるし
辞めることもできるけど
お母さんは子育てを続ける

だけど子育てをするお母さんには
労働基準法はない

こうやって可愛い赤ちゃんと
いつも一緒だから
赤ちゃんは育ち
お母さんも育っていく

育児支援

●折々に

赤ちゃんをさわったことがないままお母さんになる人が多い。仕事をしながら子育てすることを望むお母さんも増えている。

少子化の時代を迎え、多様化するお母さんたちを支援するために、行政はさまざまな努力をしている。たとえば、保育所では保育時間を延長したり、少しぐらいの病気なら受け入れる体制をとっている。乳児なら三人に一人の保育士さんがつき、看護婦さんが配置されているところもある。いずれも保育所の基準に沿った措置費でまかなわれているのである。

しかし、今注目すべきなのは、むしろ、家庭にいる専業主婦のお母さんたちなのではないだろうか。保育所に子どもを預けて働くお母さんよりも、専業主婦の人口が多いにもかかわらず、こちらへの行政の育児支援はもうひとつという気がしてならない。

専業主婦には労働基準法もなく収入もない。疲れ果てていても、かぜをひいていても、眠くても、お乳を飲ませ、おむつを換えなければならない。わずかな息抜きもままならない毎日が続く。まさに、ここにこそ育児支援が集約されるべきではないだろうか。保育所の充実はもちろん、こういったお母さんの孤立を防ぐための、いっそうの育児支援を望みたい。

私たち医師ができる育児支援の機会とは、やはり、子どもが病気のときであろう。お母さんの心が不安でいっぱいのときこそ、私たちの出番。医師の「ほんのちょっとした言葉」がお母さんを安心させ自信をもたせる。そこにこそ育児支援の原点がある。

額に手を ●折々に

今でこそ、電子体温計を使う医院が多いが、かつては、すべて水銀体温計だった。お母さんはみな、測っている間、子どもをじっとさせるのに苦労したものである。

水銀体温計で熱を測るとき、わきの下に、三分あるいは五分はさむと思っている方が多いようだが、実際には八分から一〇分くらいはかかる。わきの下に水銀柱の根元のふくらみをはさんでおくと、次第にその部分の温度が一定になり、水銀の上昇が止まる。そのときの目盛りが腋窩温《えきかおん》。寒い冬や太っている子どもは低めの値が出てしまうので、さらに時間がかかる。

ある時期、「低体温」という言葉が世を騒がせ、「子どもの体温が低くなった」ということが言われた。しかし、そのときの水銀体温計の測定時間が三分、五分というのがあったのだから、当然低く出るはずだ。近年子どもが変わってきたからといって、人類の体温がそう簡単に下がるとは思えない。低い子もいるけれど、それは個人差と考えたい。

一〇分もかかるのでは大変だとつくられたのが「電子体温計」。初めの一分半ぐらいで、水銀体温計で測ったときの値を、上昇の経過を分析して数値で示したもの。これは予測値である。より正確に測るためには、水銀体温計と同様に一〇分くらいわきにはさんでおくのがよい。

さらにもっと早くということでできたのが、鼓膜温を一～二秒で測定する「耳穴式体温計」。これなら、むずかる子どもを押さえつけて、などということもない。実に便利になったものである。

そう思う一方で、子どもの額に手を当てて「まだ熱が下がらない」と心配した昔が懐かしい今日この頃でもある。

時代

ここ十年　二十年
ハイテクだ　バイオだと大変な進歩で
私たちの生活は
便利な方向に
目まぐるしいほどに変わってきています

医学も進歩し
交通も便利で
世の中もきれいになって
住みやすくなってきました

赤ちゃんの世界にも
育児産業が目をつけて
いろいろなものをつくってくれています
ありがたいことです
やっと赤ちゃんの番になったんです

しかしどんなに便利なものができても
子育ての気持ちだけは
いつの時代も同じですね

おとなと子ども

おとなはもう
すべてが出来あがっているけれど
子どもは毎日毎日
昨日より今日　今日より明日へ
成長・発達している
――おとなになるまで

だからおとなは
毎日が勝負だけれど
子どもには――明日がある

今日は飲まなくっても
明日はたくさん飲む――かも
今は小さくっても
いまにパパより大きくなる――かも

子どもは時の流れの中で
おとなをめざして
一生懸命大きくなっている

Part4

私のアルバム

子どもの時間

子どもの頃は
小学校までの道のりは長かったし
時間を越えた楽しみがあった
毎日　同じ道だけれど
いつも新しい発見があっておもしろかった

今　同じ道を歩いたとき
なんと近くてあっけないことか

年をとると
いろいろなことを知ってしまうから
先が読めて　時がパッパッと過ぎていく

子どもにとっての「今」は
未知との遭遇
夢いっぱいだ

子どもには「時間」を
ゆっくり満喫させよう
そのときどきがすべてなんだから

父の後ろ姿 ●折々に

私は地方の開業医の家に、十一人きょうだいの末っ子として生まれた。看護婦やお手伝いさんなども一緒の暮らしで、それこそいつもにぎやかな雰囲気であった。

父は、毎日診療に忙しく、その合間にはセメントと針金を使った造形の趣味に没頭していた。もの心ついたときには、うちの庭には、父がつくった骸骨やらお地蔵さんの首やらがゴロゴロしていたものだ。

そんなふうだったので、私にとって父は、遠くから私を眺めている人という感じであった。末っ子だからといって特別可愛がられたわけでもなく、むしろあまりかまってもらえない寂しさをずっと感じていたように思う。

当時は夜間の往診も多く、雪の降る深夜に出かけていく父の後ろ姿を、寝ぼけまなこで見送ったこともあった。そういうとき、子ども心にも「医者って大変だなあ」と感じたものである。

後に私自身が医師となり、当直で起こされたときなど、ふと往診に出かける父の後ろ姿が髣髴《ほうふつ》と浮かんできたものである。

父のことで、何よりも忘れられないのが伊達巻《だてまき》である。お正月になると、父の膳には黄色くてたっぷりと厚みのある伊達巻が何枚も並べられていたが、子どもたちの膳には、ごく薄いそれが申し訳程度にのっているだけ。父権の確立していた時代のことで、当然のことと受けとめてはいたが、うらやましくてうらやましくて、「大きくなったらあの伊達巻を思う存分食べてみたい」と、何度思ったかしれない。

結婚したとき、私が妻に最初に言った言葉は「お正月に伊達巻だけはいっぱい買っておいて欲しい」ということだった。妻は紀文の一番高い伊達巻を十五本も買った。毎日せっせと食べたがさすがの私も食べきれない。一月半ばになって、とうとう妻が「もう捨てていいでしょうか」と聞いてきて、「いいよ」と答えたときの気持ちよかったこと。こうして、ようやく長年の欲求不満を解消したのである。

何のときだったか、この一件を発達心理学の大家の故岡宏子先生にお話したことがあった。すると、当時まだお元気であった岡先生が、「それは素晴らしい。子どもは少し欲求不満気味に育てるのがよいのです。満たされない願いや大人への憧れが子どもの意欲を育てるのですから」といかにも闊達におっしゃってくださったのである。

私は父を遠い存在と感じ、多くのきょうだいに囲まれ、不満に思うことのほうが多い生活だったが、それが結果として、自分からの行動をかきたてていたのである。たかが伊達巻だが、私にとっては、案外その後の人生の起爆剤になっているのではないだろうか。

田舎の同窓会に出席したとき、友人からこんな話を聞かされた。旧制高校の発表の日、往診先の友人宅で私の合格を知った父は、喜びのあまりみんなの前で踊り出したというのだ。私に関心などなかったかのような、あの父がである。それを聞いたとき、私は長い時間を経て、父のぬくもりを受けとめたような気がした。

子育ては二代前から始まっているという言葉がある。私が急患を診ながら父を身近に感じたように、勤務医となった私の息子は、当直の夜に、私の姿と自分を重ねることがあると言う。自分がどのように育てられてきたかということが、自分の子どもを育てるときに、何かの形で引き継がれていくということであろう。

そばにいて欲しい母

子どもの頃　よく熱を出した
鏡で見せられたのどの奥に
真っ赤にふくらんだ苺のようなものが見えた
これが「へんとーせん」だと教えられた

体温計をわきの下にしっかりはさんだ
はさんでいると
何となくおとなになったような気がした
「あと　なんぷんー?」「まだまだ」
水銀柱がぐんぐん上がっていった

熱が出るといつも同じ夢を見た

急な坂を二つの樽がころがっていく
小さい樽の中に大きな樽が入ろうとする
だけど入らない
樽はどんどんころがっていく
苦しくなって目が覚めた
そばに母が座っていた

「何か食べるかい　つくってあげるよ」
きょうだいが多かったから
ひとりひとりが　かまってもらえなかった
だけど
熱が出ると好きなものが食べられて
うれしかった
熱が下がらないで
いつまでも
母がそばにいて欲しかった

小春日和に

●折々に

私自身の子育てを振り返るとき、そこには、若かりし頃の自分と、今はもう三児の母親となった長女の幼き日の姿が浮かんでくる。

昭和二十四年もおしせまった十二月のある日、勤め先の東京の大学病院に、無事長女出産という知らせがあった。その瞬間は、日頃小児科医として子どもたちに接しているだけに、たくさんのお産の中の一つとして、クールに受けとめていたようだ。別の表現をすれば、もう一人の自分が、親になった自分と妻を、微笑《ほほえ》ましく見ていたのではなかったかと思う。

私は、東海道線に飛び乗って、その頃住んでいた小田原に向かった。当時のアルバムを繰ってみると、そのときのことを、「黄色いみかんが目にしみるような小春日和である」と記している。

そして初めて娘を抱いたとき、これがわが子かと感激にうち震えながらも、ここでも、そんな私をもう一人の自分が見つめていたような気がする。その心のうちにあったものは、わが子をいとしく思う気持ちと同時に、子どもが自由にのびのびと育っていくのを見守っていく決意だったかもしれない。

子どもは子ども、大人は大人。子どもの伸びやかな成長を見守り、応援することが大人の務めであると思う。

しかし、後年、乗り物の中などで、かゆいところに手がとどくように子どもに接している父親の姿を見るにつけ、自分ももっともっとすべてを忘れて溺愛したほうがよかったのか、などと思ったりもした。

今でもときどき家内は、「あなたはいつも一歩離れて見ている育児だった」と言う。けれども本当は、私の心の中には、いつでも長女を抱きしめたい気持ちがあふれていたのである。妻にそう見えたのは、末っ子の私が親になった照れだったのかもしれない。

私の育児記録

●折々に

わが子の誕生を目前に控えたある日、ふとこんな考えが浮かんだ。成長していく乳児と二十四時間一緒なのだから、これほど小児科医にうってつけの研究対象はない、と。

そこで、予定日が近づいた頃から観察項目の準備を始めた。その内容は多くのお母さんが育児日記で書いていることのほかに、小児科医の立場から、いくつかの項目をつけ加えたものである。

まずは毎日一定の時刻に体重を測定。月に一回、身長のほかに皮下脂肪の厚さを含めて二十四項目のからだ計測をし、さらに一週間連続して母乳のほ乳量を測定する。それには授乳の前後に体重を測定して、その差を記録するために、夜中でも起きて体重計にのせなければならない。これが毎日のことだから大変。妻の協力があってのことだったが、若いからできたようなもので、当時を懐かしく思い出すのである。

ところで授乳の方法は、初めから「欲するときに飲ませる」自律授乳にした。それというのも、当時のアメリカの文献でこの方法が発表されていて、時間制授乳や日本式の不規則授乳などが問題になっていたからである。

育児記録はずっと続いた。そして生後六カ月までの母乳栄養だけのときのデータをまとめて、二つの論文を発表した。

その一つは、体重の増加量には五日から一週間くらいの周期があるという内容であった。自然界の大きな力が、成長期の子どもに関わっていることを実感し、その後、私の研究は生体の生理リズムへと進んでいった。また、自律授乳のデータを整理してみると、初めは不規則であるが、自然と飲む時刻が一定になることが実証された。母子ともに満足する授乳法で、今ではごく普通に行なわれているが、当時としては新しい試みであった。

このような面倒な観察をしたのも、考えてみれば当時の教授に、うまくのせられてしまったからかもしれない。わが家の子育てを振り返るとき、育児というソフトに対して、職業柄、ハードなこの観察記録が思い出されるのである。

赤い風船

一歳半くらいの子ども
地団駄ふんで
全身で怒っていました
エネルギーが爆発したよう
子どもは
お母さんの差し出す赤い風船を
払いのけてしまいます

人通りの少ない道の真ん中の出来事です
私は見ていました
手から離れてしまった風船を

子どもが追いかけていたのを
お母さんがとってあげたのを
子どもはそれが気にいらなかったのです

子どもは
追いかけるのに夢中だったのです
それが楽しかったのです

母と子の会話

「おかあさん」
「なーに」
「あついね」
「あついわね」
「草がかれてるよ」
「かわいそうにね」
「雨が降るといいね」

「おかあさん」

「なーに」

「雨が降ってきたよ」

「降ってきたわね」

「傘もってる?」

「持ってないの　急ぎましょう」

『ヨーイ　ドン』

散歩道の二人

もう秋

喘息児サマーキャンプ
霧ヶ峰高原にて

いくつになっても

近頃のお母さんはおしゃれで若づくり
お嬢さんと一緒にデパートでお買物
楽しそうにおしゃべりをしながら
まるで姉妹のよう
あれっ　ベビー用品売場でお買物
となると　お嬢さんはお母さん
お母さんはおばあちゃんなんだ

そして時が経って
お母さんがおばあちゃんに
赤ちゃんがお母さんになったとき
おばあちゃんとお母さんが姉妹のように

また歩いているんでしょうね

お母さんと男の子
男の子はてれくさくて
お母さんと歩きたがらないけれど
心の中では
甘えながら
一緒に歩いてみたい気持ち

母と子
いくつになっても――母と子
手をつないで歩いてみたいし
おんぶしてみたい気持ち

娘と私

●折々に

もうずいぶん前になるが、娘一家がドイツにいた頃、まだ子育て中だった娘はあちらの暮らしぶりや子育ての様子などを、毎日のように書いてよこしていた。たまたまそのことを知ったある編集者の依頼で、娘との往復書簡が雑誌に掲載されたこともあった。たしか、娘からの手紙の中の、育児に関することに私が返事を出すという形だったと思う。

いつまでも娘だと思っていたのに、二児の母親となって、遠くで暮らす様子を手紙で知るにつけ、いつとはなしに娘夫婦がわれわれ夫婦と同列の世界にいるような気がしてきたのを覚えている。

ときどき送ってくるテープに録音された親子の会話は、私たち夫婦がついこの間まで過ごしてきた日々を再現しているようで、もう何も言うことはないという思いであった。

あるときの手紙に、子どもが夜中に熱を出してうろたえたことが書いてあった。翌朝まで様子をみて、なんとかおさまったようだが、子どもを朝まで看病したことで、「この子は自分の子どもだ」という意識を強くしたという。いつのまにか娘の生活の重心は、親から夫へ、そして子どもへ傾斜し始めているようであった。

娘や息子は、いつまでが「子ども」なのだろう。「子ども」の定義はいろいろあるが、ある人は、何かにつけ叱っていられる間は子どもだが、叱らなくなったら、その頃が親からの巣立ちだと述べている。叱るというのは、その子どもがあぶなっかしくて見ていられないので、それを直して、自分のところまで早く引き上げようとする、善意の意志が働いているからであろう。

もしあの頃、娘が近くにいれば、生活のいろいろな場面を目にするたび、その一つ一つをあぶなっかしく思ったにちがいない。そして私たちも口やかましいことを言ったかもしれない。しかし幸いなことに、彼女らの生活は、手紙という、ときには美化された文章でしかうかがうことができなかった。叱るすべをもたなかったことは、娘夫婦にとっても、われわれ夫婦にとっても、あるいは好都合だったのではないだろうか。

かくして、娘夫婦は早々と親の引力圏から脱して、自分たちの生活を築くことができたのである。

ドイツ生活にも慣れた頃、こんな手紙が着いた。白身の魚を五マルクで買ってきて、かまぼこをつくったとある。子どもたちが喜んで食べた様子がこまごまと書いてある。これを読んだわが妻は、「負けた」とひと言。こうやって順ぐりに時代が移り変わっていくのであろう。

パンセ ● 折々に

太平洋戦争がたけなわの昭和十九年九月、大学をくり上げ卒業となった私は、軍医として戦地に向かった。当初は中国の広東《カントン》へ赴任する予定だったが、途中から空襲が激しくなったため、私の乗った病院船は台湾の基隆《キールン》（台北の入り口にある港）に寄港し、台北《タイペイ》の陸軍病院勤務に配置替えとなった。

その当時は「天皇のため、お国のために死ぬ」という意識があたり前で、私も軍人として死ぬことに違和感をもっていなかった。ところが、台北に着いた頃から「どうして私は戦地に行くんだろう」とか「人間とは何だろう」といったことを考え始め、むさぼるように本を読んだ。台北の古本屋で、パスカルの『パンセ』を初めて手に取ったのもちょうどその頃だった。

『パンセ』は「瞑想録《めいそうろく》」という訳名の通り、文章で成り立っている本ではなく、宗教家だったパスカルが日々思ったこと、感じたことを断片的に書き記し、それを死後まとめたものだ。各文章はわずか一行のものもあるし、数ページにわたっているものもあるが、いちばん有名なのが「人間は考える葦《あし》である」という言葉だ。

国から離れ、親元から離れ、また「戦地」という環境で、「人間」や「自分」をみつめ考えていた私にとって、この言葉は強烈に心に刺さった。変な言い方だが、背筋がゾッとするような感激を覚えた。

人間というのは非常に弱い存在である。風が吹けば折れてしまう「葦」のような存在である。しかし、一方では「考える」ことで、自分の頭の中に「世界」をつくることさえできる。人間は弱いものだけれど、「考える」ことにおいて偉大なのだ。

★

戦争が終わって帰国し、私は大学に戻った。そこで、常に「ノイエスはないか」と問いかける教授のもとで学んだ。ノイエスとはドイツ語で〝新しいこと〟という意味。つまり教授は、「昨日と同じことではなく、新しいことを求めよ。しかし、新しいことは自分で考えなければ出てこない」とおっしゃったのである。

先生から「ノイエス」と言われるたびに「考えているか?」と問われているように感じ、必死に考え、勉強したものだ。『パンセ』で「考えること」の種を拾い、大学での「ノイエス指導」でその花が開き、「今日の私」の考え方が出来あがったようである。

最近、仕事をリタイアしてからやるべきこと、たとえば趣味などをもつことが重要視されている。私自身「老い」に入っていく自分を実感する毎日だが、「考えること」ができる限り、たとえ手足が不自由になろうとも「楽しい人生」を過ごせるだろうなどと考えている。

あとがき

初めての子育ては試行錯誤の連続です。例えば泣いたとき、どうして泣いたのかわからないことがあります。それでも「暑いのかな」「お腹がすいているのかな」「おむつがぬれているのかな」と、そのときの判断で何かをしているうちに、赤ちゃんが泣き止んだり機嫌よくなったりすれば、ああそうだったのかということで、一件落着します。

振り返ってみると、自分が父親になったときも、毎日そのようなことのくり返しでした。しかし一方では、まだ珍しかった大学での育児相談を担当してお母さんの相談にのっていたので、お母さんとの会話の中から、わが家では体験できないような子育てを、ずいぶんと勉強させてもらったものです。

また医者になって五〜六年たった頃、教授のお供で某出版社主催の育児展のお手伝いをしたとき、小児科の果たす役割は大きいと感じ取ったことを思い出します。

今回出版した『赤ちゃんが書かせてくれた』は、私が日常の臨床や育児相談などで、お母さんや赤ちゃんから教えられたことをまとめたもので、いわゆる育児書のように、何カ月で何々をしましょうというような内容ではありません。いつのまにか半世紀を過ぎた私の小児科医の生活の中で、折々感じたことをまとめたものです。

散文詩的なものは、赤ちゃんとママ社で刊行されている「赤ちゃんとママ」という月刊誌の巻頭言で、先輩の内藤寿七郎先生と交代で書かせていただいたものの中から選びました。その他は日刊新聞や医学雑誌、育児雑誌等に書いたものです。お母さん方に読んでいただいて、少しでも子育てが楽しくなればというようなものを選びました。

子育ては、こうすればいいというようなことではありません。ふだんの生活の中で何かが目の前に立ちはだかっても、楽しく前向きにやっているうちに、いつのまにか峠を越してしまうものです。昔は、時が解決するということで、「日ぐすり」という言葉がありました。成長する子どもに視線を合わせた素晴らしい言葉だと思います。

平成十三年　盛夏　巷野悟郎

表紙・本文挿画　巷野悟郎
装丁　熊澤正人＋大須賀香（パワーハウス）
構成　吉原佐紀子（天然社）

著者紹介
巷野悟郎（こうの ごろう）

1944年東京大学医学部卒。医学博士。小児科医。東京都立駒込病院小児科医長、東京都立府中病院長、東京家政大学・聖徳大学の児童学科教授を歴任。こどもの城・小児保健クリニック院長、日本保育園保健協議会会長、（社）全国ベビーシッター協会会長なども務める。NHKラジオ第1放送で10年余にわたり電話による育児相談を担当、子育て中の親への丁寧なアドバイスが大好評。また育児誌『赤ちゃんとママ』（赤ちゃんとママ社）の監修に長年携わるとともに、『子育ては自然にかえれ』（泉書房）、『保育保健の基礎知識』（編著・小児医事出版社）、『新・小児保健』（編著・診断と治療社）など、著書も多数ある。

赤ちゃんが書かせてくれた
——小児科医からママへの手紙——

発　行　2004年5月1日　第1版第3刷発行
著　者　巷野悟郎
発行人　小山敦司
発行所　株式会社　赤ちゃんとママ社
〒160-0003　東京都新宿区本塩町23番地
電話：03-5367-6592（販売）
03-5367-6595（編集）
http://www.akamama.co.jp
振替：00160-8-43882
印刷・製本　大日本印刷株式会社

ISBN 4-87014-026-8